# 1916 : LA BATAILLE DE VERDUN

## L'ENFER DES TRANCHÉES

*Dominique Buresi*

ISBN : 978-2-37116-071-2
storia-ebooks.fr

Storiaebooks Ed.

Oeuvre protégée par le droit d'auteur. Toute reproduction ou diffusion au profit d'un tiers de tout ou partie de cette oeuvre est strictement interdite et constitue une contrefaçon prévue par l'article L335-2 et suivant du code de la propriété intellectuelle.

## Format Court Histoire

Porte d'accès à la connaissance de l'Histoire, la collection « Format court - Grandes batailles» vous permet d'explorer des thématiques variées.

Chaque ouvrage, rédigé par un auteur spécialisé et agrémenté de nombreuses illustrations, vous donne les clés pour comprendre les faits, assimiler les dates importantes et saisir les problématiques essentielles.

En clôture de chaque ouvrage, nous vous proposons une liste de livres de référence pour vous aider à aller plus loin dans la compréhension de la période.

Un outil idéal pour découvrir de nouveaux horizons et parfaire ses connaissances historiques.

# Le front français en 1916

## La situation militaire sur les différents fronts

A la fin de l'année 1915, sur le front oriental, les empires centraux sont, avec leurs alliés turcs et bulgares, dans une situation relativement favorable. La Serbie, son territoire occupé, son armée décimée réfugiée à Corfou, n'est plus une menace. La Turquie, qui aligne 13 corps d'armée, en tenant en échec l'Entente aux Dardanelles, a fermé l'accès à la mer Noire et, menaçant le canal de Suez y immobilise plusieurs divisions britanniques Entrée en guerre à leurs côtés, la Bulgarie couvre le flanc droit de l'armée austro- hongroise du Danube à la frontière grecque, et contrôle la Macédoine, passage obligé pour les troupes de l'Entente positionnées à Salonique.

Ce bloc compact a pour atout sa position centrale. Il isole la Russie, qui peine à équiper son potentiel mobilisable sans l'appui de l'Entente, ce qui dissuade la Roumanie de prendre les armes. Cet atout favorable au plan opératif ne parvient pas à masquer le handicap majeur des Empires centraux, qui doivent faire face sur deux fronts ; face aux Russes à l'est et aux Français à l'ouest et, depuis le printemps 1915, face à l'Italie.

L'Autriche-Hongrie a eu le plus grand mal à occuper la Serbie, et n'a pu faire face seule à la menace russe. En 1915, pour pallier cette situation, suite à l'échec du plan Schlieffen, Falkenhayn, a repris le projet de *generalfeldmarschall* von Moltke (1800-1891) en faisant le choix d'adopter une posture offensive à l'Est. L'armée allemande, solidement retranchée à l'ouest sur un front continu allant de la mer à la frontière suisse pourrait ainsi tenir en échec les offensives de percée de l'Entente et, ripostant par de puissantes contre–attaques, ramener l'ennemi sur ses lignes. La Russie hors-jeu, toutes les forces du *Reich* se retourneraient contre la France.

Si la position centrale des nations de l'Alliance est un atout dans la conduite opérative sur le continent, elle favorise cependant la « *Sea Power* » de l'Entente qui, en contrôlant les échanges commerciaux, impacte l'effort de guerre de ses ennemis.

Ainsi, le *Reich*, pour briser cet encerclement, est poussé à miser sur la guerre sous–marine à outrance. Ce choix va s'avérer néfaste. Le 7 mai 1915, le torpillage du paquebot américain *Lusitania* va avoir des conséquences diplomatiques. Les Etats-Unis abandonnent peu à peu leur neutralité et basculent dans la guerre ; dans un premier temps, la marine américaine, se conformant au droit de prise, mène des actions défensives contre les *U-Boote*. A Londres, la menace est prise au sérieux, ce qui conduit le *War Office* (« bureau de la guerre », c'est-à-dire ministère de la guerre) à proposer de s'emparer des bases que possède la *Kaiserliche Marine* sur le littoral belge.

De l'expérience de ces seize mois écoulés, amène un constat inattendu. De la mer du Nord à la frontière suisse, le front s'est figé. En Pologne, l'armée russe, sous-équipée et mal encadrée, n'a connu que la défaite, mais reste un adversaire dangereux.

L'entrée dans le conflit de l'Italie aux côtés de l'Entente, décision dictée par l'irrédentisme, malgré son intérêt stratégique certain, n'a eu aucun impact sur la conduite opérative du conflit sur le front ouest.

A la fin de l'année 1915, les belligérants comprennent que ce sont la richesse des dépôts et la puissance des matériels qui feront la différence. Les empires centraux, conscients de la montée en puissance des armées alliées sur le front ouest, savent que le temps joue contre eux. « *Avec le temps l'énorme supériorité de l'ennemi en masses d'hommes et de matériel de guerre était appelée à devenir plus sensible* » (Ludendorff, *Souvenirs de guerre*).

L'incertitude réside dans les impératifs stratégiques. Les Etats-majors s'efforcent de choisir un point de concentration des forces et de choisir le moment favorable pour mener une offensive décisive. Pour Falkenhayn comme pour le général Joffre, c'est en 1916 sur le front ouest que se jouera la guerre.

## Les options stratégiques des belligérants

### *La discorde dans le camp austro-allemand*

Si la nécessité de l'offensive fait consensus au sein de la Triple Alliance, c'est la conduite opérative de la guerre et le choix du point d'application des forces qui font débat. Bien qu'en 1915, son système défensif ait amené les franco-britanniques à renoncer aux tentatives de percée sur le front ouest, Falkenhayn estime qu'il faut désormais privilégier le front français.

La France apparaît comme l'adversaire le plus redoutable. La montée en puissance de son industrie a permis à son armée de se doter de matériel moderne et la mobilisation de ses ressources humaines, y compris celles de son empire colonial en font un contributeur essentiel à l'effort de guerre de l'Entente.

La Grande Bretagne, qui contraint la flotte allemande de haut-mer à se confiner dans ses ports, contrôle l'espace maritime, excepté la mer Baltique. Elle va disposer, grâce au service militaire obligatoire et avec l'apport des *dominions*, d'effectifs suffisants pour participer à une offensive d'ampleur sur le front Ouest.

Dans le camp des empires centraux, von Hotzendorff, Hidenburg et Ludendorff ont des avis différents quant au point d'application des forces. Pour les uns, le maillon faible de l'Entente est le front italien, pour les autres, c'est le front de l'Est. Falkenhayn estime que sur le front français, c'est à une offensive puissante aux moyens de feu dimensionnés et sur un espace restreint qu'il faut avoir recours pour aspirer les réserves disponibles de l'ennemi et les détruire. Il juge, à juste titre, que la libération des départements envahis, objectif premier du Haut commandement français et hantise du gouvernement, va les conduire à jouer le tout pour le tout sans souci des pertes. Engagé dans un rapport de forces favorable au *Reich*, Falkenhayn estime qu'on peut attendre des français épuisés qu'ils acceptent de négocier.

Mais von Hotzendorff, chef d'Etat-major de l'armée austro-hongroise, ne l'entend pas de cette oreille. Le 18 décembre, il écrit à son homologue : « *Je considère l'offensive de l'Italie comme le préambule nécessaire de la lutte décisive dont le résultat doit être obtenu en 1916 [...] cette fin rapide est une nécessité pour la monarchie danubienne.* » Son plan est le suivant : après avoir attiré l'ennemi, par un repli en Carniole, jusqu'à Laybach (aujourd'hui Ljubljana), l'armée austro-hongroise débouchera de Trente, renforcée par 30 divisions allemandes et 30 batteries lourdes, pour déborder l'armée italienne engluée dans le Frioul, ce qui amènera l'Italie à capituler. Celle–ci obtenue il pourra mettre à disposition de l'*Oberste Heeresleitung* (*OHL*), organe suprême de commandement de l'armée impériale allemande, 400 000 combattants. Falkenhayn réitère son refus. Pour lui, la mise hors-jeu de l'Italie ne conduirait aucunement l'Entente à négocier. Mais surtout, il ne saurait se priver des moyens militaires demandés pour l'opération : « *Cette offensive peut paralyser durant des mois le front allemand [...] l'Italie défaite ne peut conclure la paix contre la volonté de l'Entente.* »

Quant à Hidenburg et à Ludendorf, forts de leurs succès sur le front oriental, ils ont l'appui du chancelier Bethmann-Hollweg, qui veut remplacer Falkenhayn par Hidenburg. Reprenant les arguments de Moltke, ils privilégient une offensive sur le front russe. Les armées du tsar mal commandées, mal approvisionnées, ne sont pas, selon eux, en mesure de résister à une puissante offensive de rupture qui dissuaderait la Roumanie de s'engager aux côtés de l'Entente. La Russie à terre, le transfert rapide des forces sur le front de l'Ouest emporterait la décision finale. Cependant, pour Falkenhayn, la Russie n'est pas une priorité stratégique. Tenue à distance des villes allemandes, son armée, étirée de la Baltique aux Carpates, est insuffisamment dotée en matériels et en munitions, et ses lourdes pertes ne sont pas sans influence sur l'opinion et le moral de la troupe. Cependant, le Kaiser accorde à Hidenburg le renforcement de ses effectifs et le nommant à la tête de l'Etat-major du front de l'Est. Mais à Noël 1915, Falkenhayn développe ses arguments auprès du *Kaiser* et obtient gain de cause : « *L'objectif est de décourager la Grande Bretagne, socle de la puissance maritime et industrielle de l'Entente [...] L'Italie est trop faible pour mériter un effort majeur [....] Nous sommes en droit de croire que les troubles internes de la Russie vont l'obliger à abandonner [...] L'Allemagne et ses alliés ne peuvent tenir indéfiniment [....] La solution réside en une offensive limitée. La pression exercée sur la France atteint sa dernière limite si nous parvenons à ouvrir les yeux à son peuple que tout espoir est vain [...] Cette limite atteinte, le meilleur atout de l'Angleterre lui sera enlevé des mains.* »

## *La conférence de Chantilly (décembre 2015)*

Les deux premières années du conflit ont fait admettre à l'Entente la nécessité d'une coopération militaire et démontré, malgré la mobilisation de la ressource disponible, les limites de la guerre à coup d'hommes et la primauté du matériel. Une coopération militaire franco-britannique, de la bataille de la Marne à la mêlée des Flandres et au débarquement sur le sol turc, s'est progressivement mise en place. La nécessité de coordonner ces efforts s'impose à l'Entente, et il est convenu de se réunir en décembre à Chantilly siège du QG français.

Londres, que la présence de la *Royal Navy* sur toutes les mers rassure, mise sur l'épuisement des belligérants pour aboutir à la paix. Dans toutes les guerres européennes à laquelle l'Angleterre, puissance maritime, a pris part, elle a pu compter sur un « soldat continental », qu'il soit, prussien, autrichien, russe, espagnol, portugais, russe, et même français. Le principe d'un commandement suprême interallié n'a jamais été à l'ordre du jour avant décembre 1915.

La France est représentée à Chantilly par le général Joffre, le Royaume Uni par le maréchal French, assisté du général Murray. Ce sont les généraux Porro, Gilinsky, Wielemans et le colonel Stefanovitch, qui représentent respectivement l'Italie, la Russie, la Belgique et la Serbie. Leur constat est le suivant « *Les représentants sont unanimes à reconnaitre que la décision de la guerre ne peut s'obtenir que sur les théâtres principaux [...] où l'ennemi a maintenu la plus grosse partie de ses forces (front russe, front italien, front franco-anglais). La décision ne peut être recherchée que par des offensives concordantes sur ces fronts [...] prononcées simultanément [...] pour que l'ennemi ne puisse transférer ses réserves...* »

Les participants s'accordent sur plusieurs points. Ces offensives doivent être portées au maximum de puissance à la fois au niveau des effectifs et des moyens matériels. Leurs dates doivent être fixées en fonction des conditions climatiques, soit au plus tôt à partir du mois de mars prochain, de la situation de l'ennemi et de circonstances politiques qui peuvent entraîner la coalition à attaquer avant cette date. Il est en outre précisé que chaque nation devra se tenir prêts à parer à toute offensive ennemie et que, dans ce cas, toutes les autres puissances de l'Entente devront lui porter assistance. Les autres théâtres d'opérations font l'objet de débats plus houleux. Pour la France, il n'est pas question d'abandonner les Serbes, ni de laisser l'adversaire peser sur la Grèce ou la Roumanie et dominer avec ses sous-marins le bassin oriental de la Méditerranée. Opposés à intervenir en Macédoine, les Britanniques, estimant qu'il vaut mieux conserver l'Egypte, acceptent simplement de maintenir un minimum de forces sur le front des Dardanelles pour organiser la défense de Salonique.

Si la population de l'Entente est le double de celle des Empires Centraux, au 1er décembre 1915 elle n'aligne que 6 000 000 d'hommes. La France, qui en est le principal contributeur avec 2 600 000 de soldats, met en ligne 134 divisions dont 37 territoriales. La Grande Bretagne qui, avec ses Dominions dispose de 53 divisions soit 1 000 000 hommes, n'en aligne que 36 dont deux canadiennes en France, mais il est prévu de recourir à la conscription. La Russie qui ne manque pas d'hommes mais d'armement et de munitions, n'aligne que 1 500 000 soldats équipés, mais s'engage à envoyer deux brigades en France, celle-ci qui se chargeant de leur maintenance opérationnelle. L'Italie, tout aussi peuplée que la France mais moins industrialisée, ne dispose que de 36 divisions. Ne pouvant en équiper davantage et de par son état de non–belligérance avec l'Allemagne – jusqu'au printemps 1916 – elle refuse de faire de même ; l'Italie ne répond pas davantage à la demande d'envoi de main d'œuvre, formulée par Joffre pour répondre aux besoins de l'industrie française. Quant à la Serbie et à la Belgique, leur effort doit porter pour la première à la remise en condition opérationnelle de son armée et pour la seconde la levée de recrues, rendue impossible en raison de l'occupation par l'ennemi de la plus grande partie de son territoire.

Un effort conséquent va être fourni. La conscription établie en Grande Bretagne par le *Military Act* du 28 décembre 1915 va lui permettre d'aligner 73 divisions dont 46 sur le front français et 12 en Egypte, le reliquat restant en métropole. La Russie réussit à porter l'effectif combattant à 2 000 000 d'hommes équipés et armés, et à produire 1 500 000 obus par mois. L'Italie après avoir déclaré la guerre à l'Allemagne aligne 1 500 000 de soldats soit 693 bataillons d'infanterie et 2 068 canons.

Les besoins de la coalition étant connus, il est prévu de moderniser le matériel, l'armement et les équipements et mettant en commun les ressources de l'Entente et pallier les insuffisances de chacun. La Russie recevra des avions, de l'artillerie lourde et de l'armement d'infanterie ; l'Italie des mitrailleuses et des canons lourds. L'Entente prendra en charge l'effort de guerre de la Serbie et de la Belgique, toutes deux occupées par l'ennemi.

Il est constaté que les besoins logistiques ne peuvent être immédiatement satisfaits en raison d'un trafic maritime insuffisant et d'un manque de wagons et de locomotives. Il va en être tenu compte dans l'élaboration des plans d'opérations.

Enfin, pour compléter les effets du blocus maritime, il est décidé de procéder à l'achat massif de blé roumain et d'envisager des mesures de coercition envers les pays neutres : Grèce, Suède et Hollande, où s'approvisionnent les puissances centrales.

En conclusion de ses travaux, la conférence affirme : « *L'usure de l'ennemi doit être, dès à présent intensivement poursuivie avec des offensives partielles et locales surtout par les puissances qui ont encore d'abondantes ressources en hommes.* »

## Les plans d'opérations de l'Entente

### *L'heure des choix*

Le Haut-commandement français et l'Etat-Major britannique estiment que la décision ne peut être obtenue que par une bataille générale sur le front français, précédée par des attaques préliminaires en des points éloignés du secteur choisi afin d'user les réserves ennemies. Le choix du point d'application de l'offensive est en outre conditionné par la nécessité de maintenir le gros de l'armée à portée de Paris et des ports de la Manche.

Le gouvernement britannique, fort de sa maitrise de l'espace maritime et conscient de la menace sous-marine, estime nécessaire de s'emparer des bases que l'ennemi possède sur le littoral belge pour donner toute son efficacité au blocus.

Joffre désirant soustraire Paris et les bases navales du Pas de Calais à la menace allemande, estime que l'offensive franco-britannique doit être menée au nord de l'Oise. A cet effet il concentre l'essentiel de ses réserves entre la Somme et la Marne. Le 15 décembre, le général français fait procéder à l'étude des secteurs susceptibles d'être les plus favorables à son projet. La bataille devra embrasser un front d'attaque étendu et la participation britannique sera sollicitée entre Arras et la Somme afin de l'élargir le plus possible. Sont ainsi éliminées les propositions d'attaque en Lorraine du général Dubail ou en Champagne de Langle de Cary.

L'offensive est prévue le 1$^{er}$ mai, date à laquelle la disponibilité en effectifs, matériels et munitions, sera optimale. Au cas où l'ennemi prendrait l'initiative de l'attaque avant cette date, les 40 divisions de réserve disponibles mèneraient la contre-attaque. Foch disposera de trois armées comprenant 42 divisions dont 3 territoriales, et de 1 700 pièces lourdes. L'offensive portera sur un front de 40 km, sur les deux rives de la Somme, en liaison étroite avec l'offensive anglaise qui doit la prolonger au nord sur 30 km, l'exploitation se faisant en terrain libre jusqu'à Cambrai.

## *Les réticences anglaises*

L'Etat-major britannique, préoccupé par la menace que font peser sur les lignes de communications de son armée les sous-marins basés à Ostende et Zeebrugge, projette une opération combinée, associant des troupes débarquées et celles déjà présentes sur le front des Flandres, pour libérer la côte belge. Informé de ce projet par la mission de liaison française, Joffre tente de convaincre le général Haig de rechercher la rupture par une offensive générale franco–britannique. Le 10 février, il lui adresse une note sur la conduite des opérations : « *L'effort des armées franco-anglaises doit se produire simultanément et en liaison étroite de part et d'autre de la Somme [...] précédée par des attaques préliminaires sur des parties éloignées de la Somme...* »

L'armée britannique, ne tenant que 120 km de front, dispose de ressources en hommes qui ne font que croître grâce au *Military Act*. Bien que Joffre l'assure du plus large concours de son artillerie, Haig, trouvant cette stratégie coûteuse, propose de limiter les opérations en hiver à des raids sur les tranchées ennemies. Joffre, sachant le gouvernement britannique soucieux de préserver ses effectifs, propose de ne maintenir que l'attaque préliminaire qui précède immédiatement l'offensive principale : compromis qui, accepté par Haig, valide l'accord de principe sur l'offensive prévue sur la Somme.

## Le mémorandum de Joffre

En janvier, Joffre soumet au *Conseil Supérieur de la Défense Nationale* un plan d'action. L'offensive sur le front ouest n'étant possible au plus tôt qu'à compter du 1$^{er}$ mai et au plus tard le 1$^{er}$ juillet, il souhaite que la Russie puisse attaquer en Galicie et en direction de Lemberg, ce qui pourrait amener la Roumanie et la Grèce à entrer en guerre en faveur de l'Entente. Quant au front italien, son intérêt est d'obliger l'Autriche-Hongrie à combattre sur deux fronts.

A Chantilly, s'il est tenu compte des indices d'une attaque allemande en avril, on l'estime de portée limitée. Par ailleurs, Joffre ne perd pas de vue les autres fronts : le 2 février 1916, il confie au général Pellé le bureau du théâtre des opérations extérieures (Italie, Europe Centrale et Dardanelles), nouvellement crée, qui s'occupe seul des armées alliées et des opérations hors du front ouest.

Pour mener à bien son offensive sur le front de l'Ouest, Joffre préconise plusieurs actions. La première est de maintenir l'ennemi en alerte en améliorant ostensiblement l'organisation défensive alliée dans les secteurs où est écarté tout projet d'attaque. Il s'agit principalement du groupe d'armées centre, des hauteurs de Craonne à celles de Berru et de Moronvillers à l'Aisne, et du groupe d'armécs cst, dc la forêt d'Apremont au Bois Leprêtre, de la forêt de Bézange la Grande aux Vosges et à la trouée de Belfort.

Gardant 40 divisions en réserve, Joffre consacre ses efforts à pousser la réorganisation et l'instruction des unités, à moderniser et à compléter l'armement de l'infanterie, à doter l'artillerie des pièces lourdes qui lui font défaut.

Le schéma tactique consiste à attaquer sur un front étendu progressivement et avec méthode. Pour Foch, l'attaque doit pousser l'infanterie jusqu'à distance d'assaut des objectifs de la seconde attaque, assez profonde pour disloquer l'artillerie ennemie et permettre de déclencher la deuxième vague d'attaques.

En raison des pertes subies par l'infanterie le 8 janvier 1916, Joffre fait diffuser L'instruction sur le combat offensif des petites unités, dont l'armée britannique va également tirer profit. L'accent y est mis sur le rôle essentiel de l'encadrement de base : « *On ne lutte pas avec des hommes contre le matériel ; l'infanterie s'use rapidement. Eviter de donner trop de densité à ligne de combat ; ne pas manœuvrer en formations denses.* » (R. Porte)

## *Les forces en présence*

Le dispositif des armées alliées comprend, sur les 180 km qui séparent Nieuport de la Somme, 63 divisions, reparties en 4 secteurs. Le secteur franco–belge, qui aligne les six divisions belges et quatre divisions françaises. Les 120 km restants sont fractionnés en trois secteurs. Les 39 divisions britanniques en tiennent deux. Intercalée entre eux, la *$10^e$ armée* française occupe le secteur les séparant. Ce dispositif, fort de 63 divisions, fait face à un dispositif linéaire de 30 divisions allemandes soutenues par 2 divisions d'infanterie en réserve.

Entre la Somme et la frontière suisse, sur un front de plus de 500 km, l'armée française amasse 87 divisions, dont une cinquantaine renforcées par des unités territoriales. Sur cette partie du front, l'Allemagne aligne 70 divisions, renforcées par une réserve de 17 divisions.

## L'OPÉRATION *GERICHT* (JUGEMENT)

En février 1916, l'*OHL* lance une offensive contre Verdun. L'événement est pour le Haut commandement français une surprise stratégique totale; dans tout le pays, Joffre subit les plus violentes critiques sur sa gestion des opérations.

Alors que ses forces sont reparties sur deux fronts, Falkenhayn soucieux de la menace franco-britannique et estimant que la France est au bout de ses moyens, entend « saigner à blanc » l'armée française et amener la France à l'idée d'une paix blanche. Son « soldat continental » hors-jeu, l'Angleterre se résignerait à une paix de compromis. Il va pour ce faire choisir un champ de bataille restreint loin du secours anglais. Il expliquera plus tard ce choix dans ses mémoires : « *La France est parvenue sur le plan militaire à la limite du tolérable. Si on réussit à persuader son peuple qu'il n'a plus rien à espérer, alors cette limite sera dépassée et le bras séculier de l'Angleterre anéanti. La méthode de percée en masse n'est pas nécessaire. Il y a suffisamment d'objectifs que le gouvernement français sera forcé de faire défendre. Qu'il le fasse et alors les forces françaises seront épuisées.* »

Belfort, primitivement choisie, a été rapidement abandonnée au profit de la place de Verdun. Située entre la Meuse à l'ouest et la

Mosel Stellung à l'est, son saillant menace les liaisons allemandes. Ses forts, moins puissants que ceux qu'a dû affronter l'armée allemande à Liège en aout 1914 et pour la plupart désarmés, ne peuvent résister à l'attaque d'une quinzaine de divisions préparées et soutenues par une artillerie puissante. Il juge en outre impossible, en raison de l'insuffisance des voies ferrées ravitaillant la place, l'intervention rapide de divisions de réserve. La rive droite de la Meuse solidement tenue, toutes les contre-attaques françaises seraient vaines. A cet argument tactique s'ajoute un argument géostratégique : ne pouvant accepter que Verdun soit perdue, le gouvernement imposera au Haut Commandement français d'engager tous les moyens disponibles avec pour conséquence l'usure de ses effectifs.

Pour compléter l'attaque des trois corps d'armée, le *kronprinz*, qui commande la *V. Armee*, propose à Falkenhayn d'encercler la place en agissant sur les deux rives de la Meuse avec un corps engagé dans la Woëvre au nord-ouest d'Etain et avec le détachement Strantz venant des Eparges. Falkenhayn refuse cette suggestion. Conçue comme limitée, son offensive repose sur le bombardement massif de la ceinture des forts. Ceux-ci pris, les Français

refoulés à l'ouest, le saillant n'existe plus. Son refus n'est pas sans conséquence : ce front, exigu, va ralentir la progression et sur la rive gauche négligée, l'apport de moyens d'artillerie suffisant va permettre de limiter puis d'interdire toute progression.

# L'armée française en 1916

## De l'ordre concentré à l'ordre déployé

Au terme de l'année 1915, l'épée est émoussée. Les pertes subies réduisent les effectifs alliés à 2 137 000 hommes. Les besoins pour 1916, vu le taux mensuel d'entretien de 145 000 hommes s'élèveraient à 1 600 000 hommes. La préparation au combat des nouvelles classes ne peut se faire qu'à l'abri du front organisé. Celle de 1916 a été incorporée en avril 1915 et celle de 1917 le sera en janvier 1916. Cela justifie la mise en place d'un dispositif d'attente qui modifie la répartition des 93 divisions d'infanterie, des 11 de territoriaux et des 11 de cavalerie.

L'échec de la fortification permanente à Liège, Namur et Maubeuge a démontré que l'on ne peut plus compter sur la résistance infinie des lignes fortifiées. Pour Joffre, en contenant l'assaillant avec un minimum de forces de première ligne, on réduit les pertes et on se donne le temps de regrouper les forces pour une nouvelle offensive avec le maximum de moyens. L'échelonnement sur 3 lignes proposé par Foch est adopté le 22 octobre 1915.

Une 1$^{re}$ ligne suffisamment dotée pour garantir l'intégrité du front et la permanence de l'état-major et de l'artillerie. En 2$^{e}$ ligne, derrière chaque armée, à 20 ou 30 km du front et le long d'une voie ferrée, se trouvent les réserves des groupes d'armées. En 3$^{e}$ ligne, également le long d'une voie ferrée, sont disposées les réserves générales.

Si le dispositif prévoit une masse de manœuvre du *Grand Quartier-Général* de 26 divisions, Joffre concède de laisser aux commandants d'armées les forces nécessaires pour rétablir les positions en cas de rupture du front. Quant à la 2ᵉ armée de Pétain, ses 4 corps d'armée engerbant 10 divisions d'infanterie mis en réserve entre Amiens et Compiègne, il la tient prête à toute éventualité

Etabli à temps c'est à ce dispositif que va se heurter sur la rive droite de la Meuse Falkenhayn le 21 avril. Comme le prévoyait Joffre, sa résistance désespérée à l'avance ennemie, va permettre l'entrée en ligne de la *2ᵉ armée*. Soutenue par les batteries des deux rives qui croisent leur feu, elle arrête son avance.

## LA MUTATION DE L'ARMÉE FRANÇAISE EN 1916

L'infanterie va subir une profonde mutation qui s'étale sur l'année 1916 pour s'adapter aux nouvelles conditions du combat. L'infanterie, qui a perdu 500 000 hommes entre aout 1914 et novembre 1915, connaît une crise des effectifs. La division -type de 1914 comporte 16 000 hommes. Avec la disparition de la brigade, réduite à trois régiments, elle n'en compte plus que 12 000. Cette déflation est compensées par la mise en service de matériels destinés à accroitre sa puissance de feu, ce qui amène à spécialiser le fantassin en fonction de son armement et de sa mission. En septembre 1916, on distingue les spécialités de grenadier, de fusilier et de voltigeur. Les quatre sections de la compagnie comportent deux demi-sections fortes chacune de deux escouades.

Sa puissance de feu ainsi accrue, la compagnie, qui comptait en 1914 250 combattants n'en aligne plus que 198. Si le bataillon conserve ses quatre compagnies, la 4e devient compagnie de mitrailleuses. Celles-ci au nombre de 5 000 en 14 sont 11 000 au 1er janvier 1916 et chaque régiment en a 24 au lieu de 6. A la Saint-Etienne modèle 1907 est substituée la Hotchkiss, plus fiable. Ces armes étant lourdes et lentes à mettre en batterie, chaque section est dotée de fusils mitrailleurs Chauchat. Chaque bataillon reçoit des mortiers Brandt, et un canon d'infanterie de calibre 37 mm destiné à détruire les nids de mitrailleuses. Conçue avant 1914 comme l'arme essentielle de la décision, elle demeure l'arme de mêlée par excellence en s'adaptant à la manœuvre du combat interarmes et à ses feux puissants.

## *L'artillerie monte en puissance*

A la mobilisation, 1 020 batteries sont mises sur pied mais divisions et corps d'armée ne sont dotés que de l'excellente pièce de 75 mm à tir rapide, dont le règlement de manœuvre précise : « L'artillerie ne prépare pas les attaques, elle les appuie » L'artillerie lourde est dotée de pièces de 120 mm court et long, entrées en service entre 1877 et 1890 et de 155 mm courts modele 1904. La guerre de tranchées imposant l'emploi d'une artillerie lourde pour détruire ces positions organisées, on fait appel dès l'automne 1914 aux batteries de place de côtes. En 1915 puis en 1916, la production de matériels modernes est programmée, et à partir de 1916 sortent d'usine des canons nouveaux de calibre 105, 155 mm et parmi eux le 155 GPF Filloux, de 220, 280 et 370 mm. En 1916, 30 régiments d'artillerie lourde sont créé et affectés aux corps d'armée. Ainsi, chacun d'entre eux dispose d'un régiment d'artillerie lourde et d'un régiment d'artillerie de campagne. Dix régiments d'artillerie lourde tractés RALT sont mis sur pied. Il est créé une artillerie anti-aérienne dotée de canons de 75 puis de 105 mm. L'artillerie de tranchées va compter plus de 276 batteries en 1917. La marine

| Les instructions de Joffre |
|---|
| Réduire au maximum les forces en 1re ligne pour permettre l'instruction et le repos des troupes |
| Articuler les réserves locales pour faciliter les contre-attaques immédiates |
| Disposer les réserves d'Armée et de Groupes d'armée pour les renforcer ou pour prononcer aussitôt une contre-offensive |
| Perfectionner l'organisation des secondes positions |
| Créer en arrière de celles-ci des régions fortifiés pour canaliser le cas échéant la progression de l'ennemi et pour servir de point d'appui aux manœuvres |

fournit des pièces qui vont être affectées à l'artillerie lourdes sur voie ferrée (ALVF). En 1918, il existera une Reserve générale d'artillerie forte de 6 divisions, dont une de pièces de marine.

La munition d'artillerie se diversifie : obus explosifs, obus à gaz, incendiaires. Grâce à l'obus ogival sa portée est accrue. Au printemps 1916, Joffre passe également commande de « cuirassés terrestres », que le général Estienne, concepteur de cette arme nouvelle dite « artillerie spéciale », estime être un atout essentiel pour obtenir la percée.

## *La complémentarité interarmes*

La montée en puissance de l'artillerie s'accompagne de la modernisation de sa doctrine d'emploi grâce à l'utilisation de la météorologie, de renseignements obtenus par l'observation et la photographie aérienne, et par le repérage par le son.

On distingue désormais opérant des matériels différents.L'appui direct par barrage roulant précédant les vagues d'assaut, rôle dévolu à l'artillerie légère. La contre-batterie neutralisant l'artillerie adverse. Le tir de destruction avec encagement du terrain pour détruire les obstacles à la progression et décimer les défenseurs.

L'artillerie spéciale dotée de matériel chenillé apte à manœuvrer en tous terrains :le char d'assaut avec deux types d'engins qui vont permettre la percée. Ce sont des chars lourds dotés de canons de 75 et de mitrailleuses, dotation complétée en 1918 par des chars

| Une compagnie d'infanterie en 1916 |
|---|
| **Tableau d'effectifs de guerre :** 4 officiers, 11 sous-officiers, 183 caporaux et militaires du rang |
| **Commandement et services :** |
| Un capitaine, 4 chefs de section dont l'adjudant de compagnie, le sergent major, le sergent fourrier, l'infirmier, le groupe du capitaine (12 hommes) : agents de liaison, signaleurs et observateurs, pionniers, coureurs.<br><br>Le train de combat (10 hommes) : conducteur, cuisinier, tailleur, cordonnier. |
| **Quatre sections de combat :** |
| Chaque section comprend un chef de section, deux demi-sections : soit 2 sergents, 4 caporaux 36 militaires du rang<br><br>1<sup>re</sup> demi-section (1 sergent, 2 caporaux et 13 personnels) :<br><br>Une escouade d'un caporal 7 grenadiers.<br><br>Une escouade d'un caporal et 6 fusiliers avec deux fusils mitrailleurs.<br><br>2<sup>e</sup> demi-section (1 sergent, 2 caporaux et 23 personnels) :<br><br>2 escouades de voltigeurs avec deux fusils mitrailleurs.<br><br>Soit 2 caporaux, 17 voltigeurs et 4 grenadiers dotés d'un fusil lance-grenades VB et 2 pourvoyeurs VB |

légers armés soit de canons de 37 mm soit de mitrailleuses, réalisant sous blindage l'osmose du mitrailleur et du canonnier.

## *La cavalerie*

En 1916, trois divisions sont dissoutes. Les unités conservées assurent le service aux tranchées, des missions de police ou de liaison. En mettant sur pied des groupes d'automitrailleuses, elle amorce sa motorisation. Si des régiments montés à l'armement renforcé, ce qui accroit leur puissance de feu, destinés à exploiter la percée celle-ci réalisée, sont maintenus six régiments de cuirassiers à pied, formatés comme ceux de l'infanterie constituent deux divisions qui, en 1918, s'inscriront dans l'élite.

## *Le Génie*

Arme vouée à l'attaque ou à la défense des places, à la construction de routes et ponts, de fortifications de campagne, le Génie dispose de 34 bataillons en 1914. Deux régiments sont spécialisés, l'un dans les voies ferrées, l'autre dans les transmissions avec ou sans fil ou par pigeons voyageurs. La survenue de la guerre de position nécessite l'aménagement de tranchées et de leurs réseaux défensifs, de boyaux de communication, d'abris pour le cantonnement, le commandement, les postes de secours, les dépôts de matériel de munitions. Elle développe l'usage des mines, d'où des travaux de sapes et l'usage de camouflets. Ses sapeurs accompagnent ou même précédent l'infanterie lors de l'assaut pour faciliter son passage : en détruisant les obstacles ou en lançant des passerelles, en utilisant des lance flammes et des gaz toxiques ce qui entraîne la création de spécialités nouvelles

| L'ARTILLERIE FRANÇAISE AU 1ER JANVIER 1915 |
|---|
| **Artillerie lourde :** |
| Canons de 155 mm long : 190 pièces, Court : 110 |
| Canons de 120 mm long : 300, Court : 60 |
| Canons de 95 mm : 270 |
| Canons de 90 mm : 600 |
| Total : 1 530 pièces, en majorité anciennes |
| **Artillerie courte à tir rapide** (pour combat d'infanterie) : |
| 1 440 canons de 155 mm |
| **Artillerie lourde à grande puissance tir rapide** (pour contre-batterie) : |
| 960 canons de 105 mm |
| **Artillerie courte à effet d'écrasement CGP :** |
| 320 canons de 220 mm |
| 20 canons de 280 mm |
| ARMÉE DE CAMPAGNE PROGRAMME DE 1916 |
| 720 pièces de 155 CTR & 480 pièces de 105 LTR |
| Divisions : affectation de 2 groupes de 155 CTR |
| Corps d'Armée : affectation de 4 groupes AGLP, 2 groupes de 105 L, 2 de 155 L |

## *L'Aérostation*

Destinée à l'observation, elle appartient à l'arme du Génie. En 1914, le ballon captif passe au second plan avec l'apparition du dirigeable et de l'avion et son matériel est surclassé par celui de l'ennemi. En 1915, le ballon conçu par le capitaine Caquot, un polytechnicien, dispose d'une stabilité suffisante pour assurer la mission par vent de 20 m/s à 1 500 mètres d'altitude. La guerre de positions valorise les aptitudes du ballon captif par la continuité dans l'observation des mouvements de l'ennemi, du repérage de son artillerie. La mission n'est pas sans danger. Le ballon sans défense est exposé à l'attaque de l'aviation. On prévient le danger en employant des avions de supériorité aérienne et en ramenant au sol le ballon. Quant à l'observateur, il est doté d'un parachute.

## *L'Aviation*

En 1910 est créé l'*Inspection de l'aéronautique*, chargée d'en étudier les applications militaires. La loi de mars 1912 organise l'Aéronautique militaire, qui reçoit son drapeau. En 1914, elle est vouée au bombardement et à l'observation ; le premier groupe de bombardement est créé en novembre 1914 et le premier d'observation en septembre 1914. C'est à Verdun que la troisième dimension devient un espace stratégique dont les belligérants se disputent le contrôle. Les premiers groupes de chasse sont créés en 1916. Au mois de mai 1918 sera créé la *Division aérienne*, forte de 600 appareils, dont 300 chasseurs.

## *Le rééquipement de l'armée*

Le rééquipement de l'armée se poursuit. On généralise la dotation en casques d'acier, de masques à gaz et de tenues modernes de couleur bleu horizon pour les troupes métropolitaines, kaki pour les troupes coloniales et les troupes d'Afrique. Enfin, en 1916, chaque unité élémentaire (compagnie, escadron, batterie) est dotée d'une cuisine roulante, équipée pour fournir le matin du café chaud, un repas léger à la grande halte, et un repas complet le soir à base de viande. Dans les tranchées exposées au feu ennemi, le problème reste la distribution aux unités en ligne.

*Des soldats français inspectent une tranchée pendant une accalmie, dans un décor apocalyptique qui va devenir le quotidien des « poilus » jusqu'en décembre 1916. Symbole de l'horreur de la guerre moderne, la bataille de Verdun entraîne la mort de 378 000 soldats français. Dans le camp allemand, ils sont 337 000 à avoir perdu la vie.*

*« On les aura! » Cette affiche de la Première Guerre mondiale est publiée à Paris en 1916 pour les besoins du deuxième emprunt de la Défense Nationale (octobre 1916). Cet emprunt permet de financer une guerre plus longue que prévue. Deux autres seront lancés jusqu'à la fin du conflit, en novembre 1917 et octobre 1918. (Affiche de Jules Abel Faivre, 1916)*

*Portrait du général Erich von Falkenhayn, commandant en chef des armées allemandes sur le front de l'ouest. Obstiné dans sa stratégie de guerre d'usure et convaincu que les Français sont au bord de la rupture, il fait de Verdun l'objectif prioritaire de sa campagne. Son échec le force à démissionner de ses fonctions au profit des généraux Hindenburg et Ludendorff. Falkenhayn est nommé en septembre 1916 à la tête de la IX. Armee envoyée contre la Roumanie. (Photographié par Albert Meyer, Bundesarchiv)*

*Des soldats français franchissent les barbelés protégeant leur tranchée et se préparent à partir à l'assaut des positions allemandes. Lancées en terrain découvert, ces vagues sont meurtrières pour les assaillants; l'hécatombe quotidienne ne décourage par l'Etat-major allié, convaincu de sa méthode.*

Des soldats français franchissant la ligne de chemin de fer dans le ravin de Fleury, près des forts de Souvill et de Vaux. La photographie a été prise à un moment critique de la bataille de Verdun : en août 1916, les Allemands sont au maximum de leur avancée ; ils occupent les forts de Douaumont, celui de Vaux, et le fort de Souville apparaît comme le dernier rempart avant la ville de Verdun.

Batterie de longue portée française, composée de canons de 155 ou 120 mm, détruite par les Allemands pendant leur offensive vers Verdun. L'artillerie alliée, supplantée en nombre et en puissance pendant la première phase de la bataille, paie un lourd tribut dans les combats.

*Deux vues du fort Douaumont à 10 mois d'intervalle. En février 1916 (première photo) l'ouvrage paraît presque intact ; la ville de Verdun est un point quelconque du front, éprouvée par quelques combats sans commune mesure avec ce qu'elle va connaître. A la fin de 1916 (deuxième photo), Douaumont est dévasté; passé de main en main à plusieurs reprises, ses murs sont arrasés et son sol criblé de trous d'obus. (Photographie aérienne, Bundesarchiv)*

Une vague de soldats allemands gravit les pentes du Mort-Homme le 14 mars 1916. On peut voir plusieurs hommes armés de grenades, qu'ils s'apprêtent à jeter. Au dernier plan, l'un d'entre eux utilise un flammenwerfer (lance-flammes), équipement utilisé pour déloger les ennemis tapis dans les tranchées.

Portrait du maréchal Pétain réalisé dans les années 1920. Il est l'un des 8 commandants employés lors de la bataille de Verdun. Officier supérieur aimé de la troupe, il donne un souffle nouveau à la résistance française, avec le souci premier d'épargner des vies. Cette vision de la guerre passe aux yeux de Joffre comme un manque d'audace et d'ardeur. Il est remplacé le 19 avril par le général Nivelle, fortement portée sur l'offensive et qui sera baptisé le « boucher » par son entêtement à déclencher des assauts suicides.

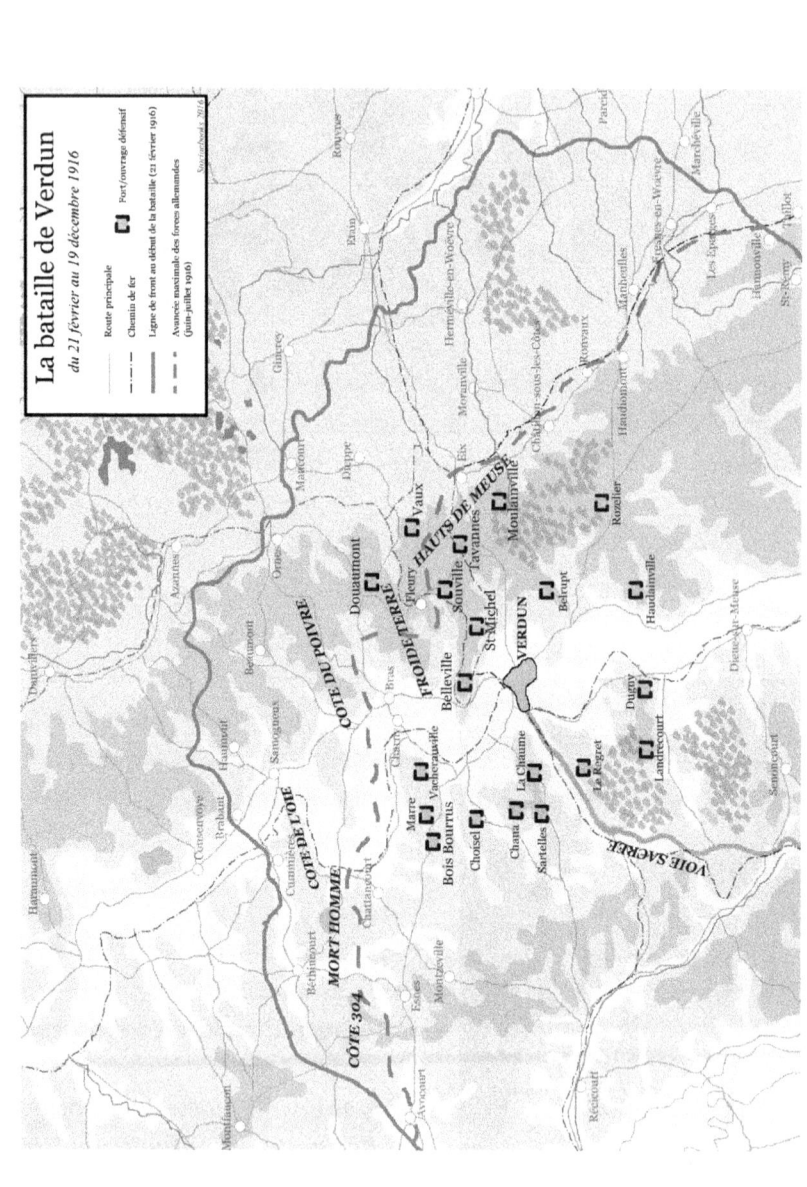

# La bataille de Verdun
# (Février-Décembre 1916)

## La Région Fortifiée de Verdun
## d'aout 1914 à février 1916

La Meuse creuse son sillon du sud-est au nord-ouest, dans une région de collines boisées aux vallonnements nombreux et profonds. Cette vallée large et fertile, parcourue de routes, est riche en villages et en fermes. Le front allemand s'étend d'Avoncourt à Combres, sur la rive droite de la Meuse, des hauteurs de Consenvoye sur la Meuse pour descendre vers le Bois des Caures au sud-ouest d'Azannes, puis d'Ornes à Etain, où il n'y a que marais et prairies. Cette ligne de front rejoint les cotes lorraines en se dirigeant cap au sud vers la plaine de Woëvre jusqu'aux hauteurs de Combres.

La place fortifiée de Verdun est au centre de cette semi-circonférence d'un rayon de 15 km, et ses forts dominent les rives de la Meuse. Au nord-est, sur la rive droite, les forts de Belleville, Saint-Michel, Souvllle, Tavannes, Moulainville assurent la protection des cotes lorraines. Les forts du Bois Bourru et de Marre à l'est de la Hayette, qui se dirige vers le nord entre la côte 304 et le Mort-Homme, celle de la rive gauche. Au sud-est et au sud, une demi-douzaine de forts barrent le chemin. Entre la côtc 372 et le bois du Chapitre, les forts de Douaumont et de Vaux sont des môles défensifs puissants. Un réseau de tranchées et d'abris, et des fortins qui surplombent toutes ces collines, complètent ce dispositif dont les flancs sont battus par des positions d'artillerie.

## LA SURPRISE STRATÉGIQUE

### *Verdun, cible prioritaire*

Falkenhayn, entreprenant de réduire le saillant de Verdun tout en menant des attaques de diversion en Champagne, en Picardie, à Ypres et en Alsace, prend non seulement l'initiative mais réalise une surprise stratégique qui ébranle les lignes françaises.

Sur un front de plus de 500 km entre la Somme et la frontière suisse, l'armée française, pour assurer la défense des lignes face à 70 divisions allemandes et une réserve d'armée de 17 divisions, déploie 87 divisions dont une cinquantaine sont renforcées par des unités territoriales. Sur les 180 km entre la mer et la Somme, les 63 divisions de l'Entente font face à un dispositif linéaire de 30 divisions allemandes soutenu par 2 divisions d'infanteries en réserve d'intervention.

Le 6 janvier, Falkenhayn valide le projet d'offensive élaboré par von Knobelsdorf, chef d'état-major de la *V.Armee*. Le dispositif prévu comprend la *V.Armee* du *kronprinz*, renforcée par cinq corps de la réserve stratégique, avec l'appui d'une puissante artillerie. L'objectif étant la prise de possession de la rive droite de la Meuse les *VII.Reserve-Armeekorps, XVIII.*

et *III.Armeekorps* doivent être engagés de Brabant à Ornes, les *XV.Reserve-Armeekorps* et *V.Armeekorps* d'Ornes à Etain et le *VI.Reserve-Armeekorps* sur la rive gauche d'Avocourt à Forges.

Le *kronprinz*, convaincu de l'importance des positions de la rive gauche pour la défense ou l'attaque de la place, juge le front d'attaque trop restreint. Sa proposition, d'attaquer simultanément sur les deux rives de la Meuse, et de compléter l'enveloppement de la place en faisant intervenir dans la région de la Woëvre un corps d'armée, et aux Eparges le détachement von Strantz, n'est pas retenue. Falkenhayn estime que la rive droite conquise, une pression offensive constante va interdire à l'ennemi de se rétablir. Celui-ci, s'affaiblissant en engageant ses réserves, ne pourra se réorganiser défensivement. Son refus n'est pas sans conséquence : ce front, délibérément choisi exigu, va ralentir la progression L'apport, par le commandement français, de moyens d'artillerie suffisants, sur la rive gauche négligée, va permettre de limiter puis d'interdire toute progression même au prix de pertes sévères.

Après la guerre, le général Pétain reviendra sur cette opportunité ratée par le commandement allemand. Il expliquera qu'en raison de la rareté des communications françaises dans le secteur d'engagement, si, retenant la proposition du *kronprinz*, les Allemands avait coupé la voie ferrée Sainte-Menehould-Aubreville-Verdun et menacé la route Verdun-Bar-le-Duc, l'armée française n'aurait pas pu se maintenir sur la rive droite; elle aurait été contrainte d'évacuer Verdun pour se replier sur une ligne improvisée de l'Argonne à St Mihiel.

Le saillant de Verdun, trop restreint, sans communications suffisantes, à cheval sur la rivière ne pouvait être un objectif prioritaire sauf si Falkenhayn, espérait renouveler la manœuvre de Sedan, et couper l'armée française en deux.

## *Les préparatifs*

Le plus grand secret, condition de la réussite, les entoure, l'instruction poussée et une discipline stricte y contribuent. Aucun tir de réglage ne vient démasquer la mise en place de 1 225 canons dont 640 lourds. Les huit divisions d'attaque des *XVIII., III. et XV. Armeekorps* et celles du *VII. Reserve-Armeekorps*, utilisant le couvert des bois, se substituent à la faveur de l'obscurité dans les tranchées de première ligne aux deux divisions du *V. Reserve-Armeekorps* qui passent en seconde ligne.

## *Les réactions du commandement français*

Lors de la conférence de Chantilly en décembre 1915, l'hypothèse d'une offensive de l'ennemi a été retenue. Pour le commandement français, des indices concordants attestent de la possibilité d'une offensive allemande sur la Somme, la Champagne ou Belfort. Début janvier, plusieurs indices attirent l'attention du commandement : des mouvements sont signalés sur la Meuse en amont de Stenay ; des destructions de clochers, pouvant servir d'observatoires, sont constatées vers Montfaucon, de même que la mise en place de batteries lourdes vers Montfaucon et autour de Damvillers ; enfin, vers Mangiennes, on relève la constitution de dépôts de munitions.

Toutes ces constatations donnent des indications nettes sur les intentions allemandes. Des questions demeurent cependant.

La place de Verdun est-elle menacée ? Dans l'affirmative, quelle est la portée de l'effort et l'importance de l'offensive sur Verdun, qui n'est pas une place forte, et où le terrain et les conditions hivernales ne sont pas favorables ? N'est ce qu'une action préliminaire masquant l'engagement de troupes de réserve sur d'autres points du front ?

Le Haut-commandement alliés en dépit de ces incertitudes, choisit de se maintenir autour de Verdun. Cette décision va faire obstacle aux ambitions allemandes. La rive gauche est occupée par le *VII$^e$ corps d'armée (29$^e$ et 67$^e$ divisions d'infanterie)*; la rive droite, de Brabant à Ornes, par le *XXX$^e$ corps d'armée* du général Chrétien (*72$^e$ et 51$^e$ divisions d'infanterie*); d'Ornes à Etain, par la *14$^e$ division d'infanterie* et au sud face à la Woëvre par le *II$^e$ corps d'armée*. Enfin les *37$^e$ et 48$^e$ divisions d'infanterie* et la *34$^e$ brigade* sont placés en réserve d'armée. Il est en outre prévu que le *XX$^e$ corps d'armée* soit dirigé vers la région de Bar-le-Duc . En réserve du *Groupe d'Armée Centre*, en arrière du front, le *I$^{er}$ corps d'armée*, augmenté de 5 divisions, est prêt à intervenir.

## *Les ordres de bataille*

Pendant près d'une année, des milliers d'hommes vont s'affronter. Beaucoup vont y laisser la vie. Des tonnes d'obus vont faire disparaître les villages et avec eux toute trace d'activité humaine, faisant de Verdun une représentation de l'enfer sur terre. Quatre phases rythment cette bataille hors norme.

# Offensive sur la rive droite
## (21 au 25 février 1916)
### L'attaque brusquée

Le 21 février 1916 à 7h30, de Consenvoye à Etain, ce sont plus de 1 000 pièces allemandes qui ouvrent le feu. Les *minenwerfers* (mortiers légers de 76 mm) occupent les premières lignes, devançant les pièces du 77 mm, 280 mm, 305 mm, et 420 mm. « *Une trombe d'acier de fonte, de shrapnells et de gaz toxiques s'abattit [...] écrasant tout entre Brabant et Ornes et Verdun d'un feu dévastateur de plus d'un million d'obus* »(Petain). L'aviation allemande est de la partie. Bar-le-Duc est bombardée et la voie ferrée de Sainte-Menehould est coupée.

L'artillerie française riposte de son mieux mais elle est surclassée par le nombre et l'importance des pièces lourdes de Falkenhayn. Après ce déluge de feu, à 16h15, les fantassins allemands, foulant un terrain excavé par les obus, se portent à l'assaut en un point situé entre les bois d'Haumont, celui des Caures et de l'Herbois.

Douze bataillons français leur font face, tapis dans des fragments de tranchées ou des trous d'obus, avec pour consigne de tenir sans esprit de recul. 24 autres sont échelonnés en réserve avec en soutien 22 batteries de 75 mm et 35 batteries lourdes, soit 230 pièces. La vigoureuse résistance opposée aux Allemands, en particulier au Bois des Caures par les 1 200 chasseurs du colonel Driant, tué à la tête de ses hommes et dont seuls 130 dont 8 officiers survivent, enraye l'attaque. Ainsi, le 22 février, à la nuit venue, les assaillants n'ont progressé que de 3 km à l'intérieur des lignes françaises.

Aux extrémités du front central, de Brabant, au bord de la Meuse, et Ornes jusqu'au pied des falaises, les positions tiennent. Le 23 sur ordre du commandant de la *72ᵉ division d'infanterie*,

| ORDRE DE BATAILLE DE L'ARMÉE FRANÇAISE (FÉVRIER 1916) |
|---|
| **Groupe d'Armée Centre général Langle de Cary** |
| Région fortifiée de Verdun RFV Général Heer |
| 30ᵉ Corps d'armée : 72ᵉ, 51ᵉ, 14ᵉ division d'infanterie, 312ᵉ brigade territoriale Secteur : bois des Caures -route d'Etain |
| 7ᵉ Corps d'armée :PC Souilly rive gauche 29ᵉ, 67ᵉ division d'infanterie secteur d'Avoncourt jusqu'au fleuve |
| 2ᵉ Corps d'armée : face à la Woëvre 132ᵉ, 3ᵉ,4ᵉ DI, 211ᵉ brigade territoriale |
| Total 9 divisions 632 canons |
| **Reserve d'armée:** |
| 48ᵉ division d'infanterie, 37ᵉ division d'infanterie algérienne et 34ᵉ brigade |
| 20ᵉ corps d'armée (en cours de débarquement le 22 février zone Ligny en Barrois/Bar-le-Duc) |
| **Reserve du groupe d'armée Centre** 1ᵉʳ corps d'armée et 5 division d'infanterie |

| ORDRE DE BATAILLE DE L'ARMÉE ALLEMANDE (FÉVRIER 1916) |
|---|
| V. Armeekorps (Kronprinz Friedrich Wilhelm, général Von Knobelsdorf) |
| Les six ID (Infanterie Division) des III., XVIII. Armeekorps et VII. Reserve-Armeekorps formant la première vague d'assaut |
| VII. Reserve Korps (RK)·13.,14. RID |
| XVIII. Armeekorps :21., 25. ID |
| III. Armeekorps :5.,6. ID |
| XV. AK : 30., 39. ID |
| V. Reserve-Armeekorps : 9., 10. RID |
| Total : 10 divisions, 345 353 hommes, 1 225 canons |

la garnison de Brabant, menacée d'isolement, se replie sur Samogneux. Les batteries lourdes sont également déplacées sur les positions arrières.

Les ordres et contre-ordres se succèdent : Brabant doit être reprise, pour accueillir les batteries destinées à appuyer les contre-attaques des troupes de réserves. La *14ᵉ division d'infanterie* et des éléments de la *37ᵉ division d'infanterie* sont appelés pour remplir cette mission.

Le 24 février, l'ennemi s'empare de Samogneux puis de la côte 344. C'est au tour de Beaumont, des bois de Fosses et des Caurières. L'offensive s'étendant vers la Woëvre, les réserves, accrochées de toute part, refluent vers Douaumont. Les pièces françaises de 75 mm, contraintes de se déplacer, ne peuvent ajuster leurs tirs. Finalement, l'ennemi est arrêté devant Louvemont par la *51ᵉ division d'infanterie*. La ligne se stabilise. La côte 378 est tenue par la *37ᵉ division d'infanterie*, Bezonvaux par le *44ᵉ régiment* de la *14ᵉ division d'infanterie*, le bois de Fays et le ferme Mormont par le *60ᵉ régiment d'infanterie* et des *zouaves*.

Les renforts arrivent enfin. La *31ᵉ brigade* de la *16ᵉ division d'infanterie*, la *306ᵉ brigade* et la *3ᵉ brigade* de la *153ᵉ division d'infanterie* arrivent de Deligny et arrivent à Souville en fin d'après-midi. Il leur est adjoint l'artillerie de la *39ᵉ division d'infanterie*. Les instructions sont claires : s'établir sur le front côte 378-Bezonvaux, les unités du sous-secteur de gauche ayant abandonné le bois de Fays et la ferme Mormont pour se replier sur la côte du Poivre. Le général Chrétien commandant le *XXXᵉ corps d'armée* répartit les secteurs entre les divisionnaires et leur donne ses ordres d'opérations tout en ordonnant de faire sauter les ponts sur la Meuse en aval de Charny et de miner les ouvrages des Bois Bourrus au fort de Vaux.

Dans le secteur de la Woëvre, le front dessine un saillant dont la pointe s'écarte à 25 km de la place alors que les Allemands, sur les Hauts de Meuse, en sont à moins de 10 km. Le général Heer, hésitant à y envoyer le *XX$^e$ corps d'armée*, suggère au général de Langle l'évacuation de la rive droite. Joffre, informé le 24 au soir, approuve le repli sur les Hauts de Meuse des troupes qui se trouvent dans la poche de la Woëvre. Mais, l'ennemi devant être battu là où il est, il exige le maintien de l'occupation de la zone au nord de la route d'Etain et ordonne de tenir entre Woëvre et la Meuse en employant tous les moyens disponibles, y compris le *XX$^e$ corps d'armée*, si nécessaire. Le 25 février, afin d'épauler Deligny, Heer fait passer le fleuve à l'infanterie de la *39$^e$ division d'infanterie* et ordonne de défendre sans esprit de recul la ligne des forts jalonnée par les villages de Bras, Douaumont, et les ouvrages de Bezonvaux, Hardaumont, le fort de Vaux, La Laufée et la batterie d'Eix. Le général Balfourier, commandant le *XX$^e$ corps d'armée*, prend sur la rive droite le commandement du groupement Chrétien.

Le 25 février à midi, l'attaque allemande reprend. Les deux lignes de défense organisées par Deligny sur la crête et le versant est sont bousculées; la *51$^e$ division d'infanterie* est décimée. Au nord-est, le *60$^e$ régiment d'artillerie* réussit à briser l'attaque et la *37$^e$ division d'infanterie* tient la crête de Belleville. Privé de défenseurs, le fort de Douaumont est occupé par une compagnie du *24. Regiment* brandebourgeois. A l'extrême droite, Bezonvaux est pris mais la *14ᵉ division d'infanterie* parvient à rétablir la ligne. L'ennemi, suspendant son attaque, s'arrête finalement devant Louvemont. Le 25, le bilan est le suivant pour l'armée française : 25 000 hommes ont été mis hors de combat, 150 pièces ont été détruites mais seule une bande terrain de 6 km sur les hauts de Meuse et deux positions de résistance sont tombés aux mains de l'ennemi. L'alerte a été chaude, au point qu'il a été envisagé l'évacuation de la rive droite et la destruction des ponts sur la Meuse

## L'Appel à Pétain

Le 25 février, Joffre, devant la menace qui pèse sur Verdun, fait appel au général Pétain, qui commande la IIᵉ armée, placée en réserve depuis l'arrivée sur le front de la IIᵉ armée britannique. Il lui confie, avec prise d'effet le matin du 26 février, le commandement du front de Verdun sur les deux rives de la Meuse et des *Iᵉʳ, XIIIᵉ, XXIᵉ corps d'armée*, de la *58ᵉ division d'infanterie*, de la *8ᵉ division de cavalerie* et de toute l'artillerie lourde, et le subordonne au *Groupe d'Armée Centre*. La mission qui lui est confiée est « *d'enrayer l'effort prononcé par l'ennemi sur le front nord de Verdun [...] de recueillir les troupes de la RFV au cas où elles seraient contraintes de se replier sur la rive gauche de la Meuse [...]. D'interdire à l'ennemi le franchissement de la rivière.* »

Dans la nuit du 25 au 26, en exécution des instructions du généralissime, le général de Castelnau, major général confirme que « *le front nord de Verdun, entre la Meuse et Douaumont, et le front est sur la ligne des Hauts de Meuse doivent être tenus coûte que coûte . La défense de la Meuse se fait sur la rive droite...* »

Philippe Pétain, officier supérieur issu du rang, est proche de la troupe, à qui il inspire confiance. Son intelligence tactique méthodique, sa fermeté et sa lucidité vont permettre de redresser la situation.

Dès son entrée en fonction, Pétain s'informe de la situation autour de Douaumont : le *XX<sup>e</sup> corps d'armée* a tenu tête à l'ennemi mais, suite à une mauvaise transmission des consignes avec le *XXX<sup>e</sup> corps d'armée* venu le relever 24 février, une compagnie allemande est parvenue à s'emparer sans coup férir du fort désarmé. L'armée française est ainsi privée d'un ouvrage essentiel à la défense de Verdun ainsi que d'un observatoire précieux sur champ de bataille.

Portant pour la première fois les yeux sur le champ de bataille, Pétain a une vision apocalyptique: « *Ce ne sont que tranchées innombrables en partie écroulées, fils de fer déchiquetés couvrant de leurs inextricables réseaux les bois des cotes de Meuse et de la Woëvre, routes et chemins qui ne sont que des fondrières…* »

Récusant les allégations mettant en cause le commandement de la région de Verdun, Pétain relève la combativité, l'esprit de sacrifice et la bravoure des troupes impliquées dans les terribles combats de cette fin février. Son soutien indéfectible relève le moral général. Car sur le terrain, la situation empire : soumis à un déluge d'acier, qui écrase tranchées, abris, boyaux de communication, les hommes font de chaque trou d'obus et de chaque débris de tranchée un îlot de résistance. Les réserves montant en ligne, sans liaison avec l'artillerie, ne trouvant plus de guides et privées de ravitaillement, sont disloquées.

Le 25, toutes les positions avancées au nord de Douaumont sont aux mains de l'ennemi. Trop exposées, prise à revers, les unités déployées dans la Woëvre se sont repliées au pied des Hauts de Meuse, mais l'ordre de défendre la rive droite de la Meuse pied à pied s'est imposé à tous.

## *L'artillerie, reine des batailles*

Pétain entend enrayer à tout prix les attaques ennemies et reprendre immédiatement toute parcelle de terrain enlevée par celui-ci. Il met en place une position de résistance unique ainsi qu'une nouvelle répartition des secteurs. La destruction des ouvrages sur la Meuse est subordonnée au commandement de l'armée. Pour permettre l'échelonnement des réserves sur la rive gauche en raison de la menace d'une attaque entre Meuse et Argonne, aucun renforcement des unités sur la rive droite n'est prévu. Pétain y procède à l'établissement de positions et à la mise en place de batteries de soutien.

Sur la rive droite, la pression ennemie se maintient vers la Cote du Poivre et le village de Douaumont. Pour y faire face, une seconde position de résistance est établie sur Avocourt, le fort de Marre, les lisières nord-est de Verdun et le fort du Rozellier.

Les Allemands disposent d'une artillerie plus nombreuse et plus moderne. Ils harcèlent la ville et ses voies d'accès, causant d'importants dégâts. Si l'artillerie alliée se trouvait incapable de faire face, la défaite deviendrait certaine. Conscient de l'importance du facteur psychologique, Pétain donne pour directive « *que l'artillerie donne à l'infanterie l'impression qu'elle la soutient et qu'elle n'est pas dominée* ».

Le 1ᵉʳ mars, l'artillerie lourde française aligne un total de 666 pièces, dont 124 à tir rapide, reparties en groupements forts de 20 batteries, un par corps d'armée, qui outre leur zone d'action doivent pouvoir se prêter mutuellement main forte. À l'échelon de l'armée, sur chaque rive, deux groupements dotés de pièces de plus gros calibre, dont des pièces de 305 mm de marine, croisent leur feu par-dessus la vallée.

| LES POSITIONS DE RÉSISTANCE |
| --- |
| Rive droite : défense des positions actuellement tenues |
| Face au nord les avancées de Thiaumont et de Souville au plus près possible de Douaumont |
| Face à l'est la ligne des forts de Vaux Tavannes, Moulainville et la crête des cotes de Meuse dominant la Woëvre |
| Rive gauche : passe par Cumieres, le Mort-Homme, l a Cote 304 et Avocourt |
| Axe de liaison entre les deux rives : La Meuse entre Cumieres et Charny |

| LES QUATRE SECTEURS DE DÉFENSE |
| --- |
| Groupement Guillaumat (rive droite), Etat-major du 1ᵉʳ corps d'armée |
| Position à l'Est, de la Meuse à Douaumont : 2 divisions. |
| Groupement Balfourier (rive droite), Etat-major du 20ᵉ corps d'armée |
| Position sur les hauteurs du village de Douaumont au fort Vaux : 4 divisions |
| Groupement Bazelaire (rive gauche), VIIᵉ corps d'armée |
| Position à l'ouest de la rivière, d'Avocourt à la Meuse |
| Groupement Duchêne (rive droite), IIᵉ et XIVᵉ corps d'armée |
| Position de Moulainville aux Eparges (d'Eix à Sant Mihiel) tenant les Hauts de Meuse face à l'est. La 1ʳᵉ ligne est reportée au pied des côtes de Meuse, couvrant les observatoires |

Pétain enjoint au général Bazelaire, commandant le secteur de la rive gauche, d'établir ses plans de feu en direction du nord-est pour contre-battre celles de l'ennemi postées sur la rive droite.

Pétain, tirant les leçon de la prise du fort de Douaumont, ordonne que chaque fort dispose d'une garnison relevée chaque quinzaine, qu'il soit doté de 15 jours en vivres et de munitions et qu'il soit placé sous l'autorité d'un officier portant comme instruction de ne l'évacuer ou de ne capituler sous aucun prétexte.

En face, Falkenhayn dispose d'une masse de 200 divisions. Ces ressources humaines lui permettent d'engager 20 divisons dont il recomplète effectifs et matériel au fur et à mesure des opérations. Pétain pour éviter une baisse de la combativité face aux pertes, à l'épuisement physique, à l'ébranlement nerveux, adopte une principe novateur : la « noria ». Cette méthode repose sur un renouvellement continu des unités au combat ; elle permettra l'engagement au front de 73 divisions jusqu'à la fin de la bataille. Sur ce nombre, 43 divisions monteront en ligne une seule fois, 23 deux fois, 4 trois fois, 2 quatre fois.

## *La Logistique : la « Voie Sacrée »*

Les voies de chemin de fer principales étant soit coupées soit exposées à l'artillerie ennemie, le commandement français ne dispose que du réseau secondaire meusien pour assurer la logistique des troupes et leur maintien en condition opérationnelle. La *10ᵉ section de sapeurs de chemins de fer* y est affectée et construit une bretelle qui est achevée en décembre 1915. Sa voie étroite ne permettant qu'un débit de 800 tonnes par jour, on le réserve au ravitaillement en vivres.

Dans ce contexte, la route départementale Verdun Bar-le-Duc est appelée à jouer un rôle essentiel. Elle est élargie et équipée pour assurer un trafic permanent dans les deux sens. L'ensemble des transports automobiles de l'armée française est placé sous l'autorité de la *Direction centrale des services automobiles*. Le capitaine d'artillerie Doumenc est placé à la tête d'une commission régulatrice routière, crée le 20 février, qui a pour mission de contrôler et de diriger le trafic.

Cette route, encadrée par deux itinéraires réservés aux troupes à pied et à cheval, est réservée aux véhicules à moteur. Les camions et autobus de 2 tonnes sont chargés de transporter le personnel, ceux de 3 tonnes le matériel, les munitions à raison de 50 000 tonnes par semaine. Enfin, d'autres sont affectés à l'évacuation des blessés et aux liaisons. De 3 000 véhicules actifs en février, l'effectif bondit à 12 000 en juin.

La route est divisée en six cantons de surveillance et de pilotage dirigés par un officier, assisté de la prévôté et d'escadrons de cavalerie. Des sections de dépannage sont installées et un atelier d'entretien des bandages pneumatiques des véhicules est créé. Quelques soient les conditions atmosphériques, le trafic n'est jamais interrompu. Une division territoriale, affectée à son entretien, la maintient praticable par tous les temps, des carrières fournissant des cailloux pour combler les ornières.

Au total, ce sont 175 sections automobiles, soit 300 officiers, 8 500 hommes et 3 900 véhicules qui vont contribuer à sauver Verdun. La reconnaissance de la Nation leur sera acquise par la loi du 30 décembre 1923, classant comme route nationale l'ensemble des voies dite « Voie Sacrée » qui relient Bar-le-Duc à Moulin Brûlé.

*Le combattant de Verdun vu par Pétain :*
*« Ces divisions retirées avant épuisement reprenaient place dans des secteurs calmes puis après dans des secteurs de bataille. […] Ce n'est qu'à la fin de mars qu'on commençait à incorporer les jeunes de la classe 1916. […] Nous n'engagions les soldats de 20 ans que dans une faible proportion. […] La masse de combattants se composait d'hommes dont la moyenne d'âge était de 25 à 26 ans. […] Leur force résidait dans une volonté inflexible de défendre leurs familles et leurs biens. […] Ils acceptaient le danger comme la souffrance […] le pays leur faisait confiance, les imaginait véritables surhommes, prêts à de prodigieux exploits. »*

## L'OFFENSIVE SUR LES DEUX RIVES (MARS-AVRIL) : LA BATAILLE D'USURE

### Le conseil d'Empire

Le 4 mars, lors d'un conseil d'Empire, le *kaiser* renonce à la guerre sous-marine à outrance. Cette décision qui entraîne la démission de l'amiral von Tirpitz qui considérait le potentiel de nuisance des *U-Boote* comme un atout stratégique face au blocus britannique. L'amiral Scheer, partisan de la marine de surface, triomphe. Cette brève illusion sera dissipée par la bataille du Jutland, du 31 mai au 1er juin 1916.

Pour Falkenhayn, l'imminence d'une offensive des alliés sur la

Somme se précise. La bataille engagée à Verdun peut seule briser la résistance de l'Entente. Le généralissime allemand, sur de son fait, va ordonner la reprise des attaques.

Après les trois premières semaines de combat sur la rive gauche, la côte 304 et le Mort-Homme sont restés aux mains des Français et, malgré l'importance des pertes, le terrain conquis sur les deux rives ne permet pas la combinaison des feux allemands. L'objectif est donc de faire tomber les derniers ouvrages qui protègent Verdun sur la rive droite.

Sur la rive gauche, le général von Mudra prendra en charge le secteur de l'Argonne, avec pour objectif la ligne des observatoires comprenant la Cote du Poivre, la côte 304 et le Mort-Homme. Le *III. Armeekorps* ayant fourni 3 bataillons pour la défense de cette ligne, les Français ont échoué à reprendre Douaumont. Mais le feu de leurs canons positionnés sur la rive gauche, prenant en écharpe les vagues d'assaut allemandes sur la rive droite, ont interdit toute avance.

Falkenhayn va renforcer la *V. Armeekorps* avec le *10. Reserve-Armeekorps* ainsi que 21 batteries lourdes. Il décide d'attaquer le 6 mars sur la rive gauche et le 7 mars sur la rive droite. Pour maintenir la pression pendant les mois de mars et d'avril, il va mener sans interruption ses attaques.

Du 8 au 31 mars, l'ennemi passe à l'offensive. Sur le front Douaumont-fort de Vaux-ravin de la Caillette, il parvient aux barbelés du fort de Vaux. Le *XX<sup>e</sup> corps d'armée* éprouvé par les combats, Pétain le fait relever par le *XXI<sup>e</sup> corps d'armée* du général Maistre, dont les deux divisions montent une contre-attaque qui fait lâcher prise à l'ennemi, puis le *XXXIII<sup>e</sup> corps d'armée* le relève à son tour. Le 11 mars, Joffre exprime dans son ordre du jour sa grande satisfaction : « *Vous serez de ceux dont on dira : « ils ont barré aux allemands la route de Verdun »* ». Mais Pétain, pour sa part, ne se berce d'aucune illusion ; il consigne ses doutes dans ses notes personnelles : « *Nous n'arrivions, tant sans faut, au bout de nos maux ; l'ennemi prononçait pendant de longues semaines un effort qu'il cherchait à rendre décisif…* »

## *L'attaque sur la rive gauche*

Des Bois Bourrus, la crête qui rejoint Charny ne dispose que d'une série d'ouvrages permanents dont l'ennemi doit s'emparer pour atteindre les hauteurs de Sivry-la Perche et s'emparer de la ville. Ses axes d'attaque doivent emprunter les hauteurs qui encadrent le ruisseau de Bethincourt et à l'est, celle du Bois des Corbeaux, les Bois Bourrus. A l'ouest, il se heurte au bois d'Avocourt, la côte 304, et la côte 310, à l'orée de l'Argonne orientale.

Le général Bazelaire, dont les avants postes sont établis pour retarder les vagues d'assaut ennemies, maintenant en réserve une division, a posté les 4 divisions du *VII<sup>e</sup> corps d'armée* sur la ligne de Cumieres à Avocourt, qui intègre le Mort-Homme et la côte 304 entre Meuse et Argonne. Pétain a pour seule réserve disponible sur la rive gauche le *XXIII<sup>e</sup> corps d'armée* pour soutenir le *VII<sup>e</sup> corps d'armée*, tandis que le *XXXIII<sup>e</sup> corps d'armée* commence à débarquer à Bar-le-Duc.

## *L'offensive du 6 au 17 mars*

Le 6 mars à 10h00, précédée comme en février par une intense préparation d'artillerie, l'infanterie allemande se porte à l'attaque sur la rive gauche, sur le front Cote de l'Oie-Bois de Cumieres puis sur le Mort-Homme. Elle progresse rapidement sur le ruisseau de Forges et au sud de celui-ci. De Cumieres au Mort-Homme la position de résistance ne se laisse pas entamer.

Le 7 mars, après un intense bombardement l'infanterie ennemie attaque à partir de Forges et de Bethincourt pour s'emparer à partir de la côte de l'Oie des bois de Cumieres et des Corbeaux. Bien soutenue par leur artillerie, les unités du *VII$^e$ corps d'armée* se flanquant mutuellement et parviennent à arrêter l'ennemi. Se portant à la contre-attaque le 8 mars, elles repoussent les fantassins allemands dans le bois des Corbeaux.

Du 10 au 15 mars, la côte 304 fait l'objet d'attaques incessantes menées par six à huit divisions, soutenues par leur artillerie. Si le 14 mars la *12. Reserve Infanterie Division* s'empare de la Cote 265 sans pouvoir s'y établir. Cet échec amène l'ennemi à tenter de déborder le dispositif français le long du massif de l'Argonne. A Cumieres, le terrain conquis ne s'étend que sur 4 km de large et 2 500 m de profondeur.

## *Depuis Avocourt à l'ouest au fort de Vaux à l'est (15 mars -10 avril )*

Le 15 mars, le *kronprinz* actionne sur l'ensemble des positions défensives, simultanément ou successivement, le groupement ouest de von Mudra et le groupement est de von Gallwitz.

Les troupes françaises sont échelonnées entre l'Argonne et la Meuse, l'une entre le bois d'Avocourt et la Cote de l'oie, la seconde de la Cote 304 au Mort-Homme, se prolongeant le long de la Meuse. Le 20 mars, la *11. Infanterie Division* bavaroise enlève le bois de Malancourt et le réduit du bois d'Avocourt, mais est arrêtée au pied de 304. Pétain ordonne le 22 mars de reprendre coûte que coûte le bois d'Avocourt. Mais le 28, l'ennemi le devance sur Malancourt, qui tombe 30 mars. Le 2 avril, au Mort-Homme, les tranchées au nord du ruisseau de Forges sont évacuées.

Les cotes 286 et 295, la crête du Mort-Homme sont tombées aux mains de l'ennemi, mais celui-ci ne peut s'emparer de la côte 304. Pétain, acculé, réclame des renforts au *Grand Quartier-Général*. Mais le général Joffre, qui prépare la bataille de la Somme, ne consent aucun transfert supplémentaire de troupes ; il fait remarquer à son subordonné qu'il dispose de 500 000 hommes dans le secteur de Verdun, alors qu'il n'étaient que 150 000 en février...

## *Sur la rive droite, le 4 avril*

Entre Souville et Douaumont, l'ennemi progresse dans le ravin de la Caillette et atteint les réseaux du fort de Vaux puis s'enterre, ses canons interdisant toute contre-attaque. Le chef d'état-major de Pétain rend compte le 4 avril : « *Nos troupes sur le front Vaux-Douaumont souffrent énormément bombardement ennemi* ». Pour limiter les pertes, il ordonne à la division Mangin de se rapprocher de Douaumont. Cette progression est un long travail de sape. La progression se fait pied à pied. L'ennemi s'y oppose par de violentes contre-attaques « *avec l'appui de minenwerfers, dans l'atmosphère méphitique des gaz, sous la menace de lance-flammes* » (Pétain).

L'acharnement de l'ennemi transforme Verdun en un champ de bataille labouré par les obus, parsemé de cratères pleins de boue où ne subsistent que des ruines et des troncs d'arbres déchiquetés. Mais la résistance de l'armée de Verdun, malgré l'usure du combat éprouvant qu'elle mène, suscite l'admiration des dirigeants de l'Entente.

Le 10 avril 1916, Pétain, dans son ordre du jour, rend hommage à la pugnacité de ses troupes : « *Le 9 avril est une journée glorieuse pour nos armes : les assauts furieux des armées du kronprinz ont été partout brisés. Fantassins, artilleurs, sapeurs, aviateurs de la 2e armée ont rivalisé d'héroïsme. Les Allemands attaqueront sans doute encore. Que chacun travaille et veille pour obtenir le même succès qu'hier.* »

Il conclut par une formule devenue célèbre: « *Courage, on les aura !* »

# La dernière poussée allemande (mai-juillet)

*« L'homme est capable d'une quantité de terreur donnée, au-delà il échappe au combat. »*
*(Ardant du Picq, Etude sur le combat)*

## *Nivelle remplace Pétain*

Combinant troupes d'assaut et artillerie lourde, Falkenhayn va tenter de pousser l'armée française à la rupture. Le 19 avril, Pétain, remplace le général Langle de Cary au commandement du groupe d'armée du centre, comprenant les *II[e], IIIe, IVe, V[e] armées*, et installe son poste de commandement à Bar-le-Duc.

A compter du 1er mai, son successeur à la tête de la *II[e] armée* est le général Nivelle, que Joffre estime d'un caractère plus offensif. Sa lettre de commandement en date du 28 avril lui ordonne « *d'assurer sur tout le front du groupe d'armées centre l'inviolabilité des positions, [...] et prendre possession du fort de Douaumont* » (Pétain). Les 52 divisions du Groupe d'Armées Centre sont mises à sa disposition pour alimenter les 24 divisions de Verdun. Nivelle reçoit en outre un renfort de 7 groupes de mortiers lourds.

Le 6 mai, estimant que la posture offensive défensive adoptée à partir de mai va exiger un renouvellement plus rapide de ses divisions, Pétain demande une intervention anglaise sur la Somme pour soulager le front de Verdun. Joffre l'informe le 11 mai qu'il va mener des offensives limitées sur l'ensemble du front ouest pour fixer l'ennemi. Le 17 mai, la conférence des chefs d'armée conforte la décision de Joffre : la bataille de la Somme devient la priorité des armées alliées sur le front de l'Ouest. Verdun est condamnée à tenir avec les effectifs déjà sur place.

## *La bataille d'usure*

Deux mois de combat infructueux se sont écoulés depuis l'engagement de la bataille. Falkenhayn, sûr de son fait, croit plus que jamais qu'un bataille d'usure lui permettra de conserver l'initiative sur l'ensemble du front et retiendra à Verdun suffisamment de troupes pour dissuader l'Entente de prendre l'offensive. Joffre, en dépit de l'infériorité numérique de son artillerie lourde par rapport à celle de l'ennemi (de l'ordre de 1 pour 3) maintient une posture mêlant défensive et offensive.

Sur la rive gauche, la chaîne des observatoires fait l'objet d'attaque répétées menées par les troupes de von Gallwitz. Le 24 mai, le Mort-Homme et la côte 304 tombent aux mains de l'ennemi. Sur la rive droite, sur les Hauts de Meuse, von Lochow a pour objectif la crête de Fleury, entre l'ouvrage de Thiaumont et le fort de Souville, tenue par l'armée française. La chute du fort de Souville, conditionnée par la prise du bois de Vauchapitre et surtout du fort de Vaux, rendrait vulnérables les forts de Saint Michel et de Belleville.

Le général Mangin, après un travail de sape qui a amené sa division à distance d'assaut de Douaumont, prend possession de l'ouvrage le 22 mai, avant d'en être chassé deux jours plus tard par von Lochow. Pour Mangin, l'opération n'est pas sans bénéfice. Bien qu'ayant du faire retraite, il est parvenu à retarder l'ennemi dans sa progression.

Le 1ᵉʳ juin, le I. Armee Korps bavarois, le *X. Reserve Armeekorps*, le *XV. Armeekorps* encerclent le fort de Vaux. Ils s'appliquent à réduire les poches de résistance, tout en dressant un barrage de feu qui rend impossible toute tentative pour briser l'investissement. Le 5, le commandant Reynal signale que l'ennemi utilise des gaz et lance-flammes et s'apprête à faire sauter la voute du fort. Sa garnison décimée et à bout de forces, il se résigne à capituler le 7, après avoir attesté que tous ont fait leur devoir jusqu'au bout.

Face aux 20 divisions allemandes, Pétain en aligne le même nombre sur la rive droite avec les *IXᵉ*, *VIᵉ* et *IIᵉ corps d'armée* , et sur la rive gauche les *VIIᵉ* , *XVᵉ* et *XXXIᵉ corps d'armée*. Pour l'heure, le fort de Thiaumont résiste, mais le 11 juin, Pétain lance un signal d'alarme à l'adresse du *Grand Quartier-Général* : « *Nous luttons au point de vue artillerie dans la proportion de 1 à 2. Cette situation ne peut se prolonger sans danger pour notre front.* »

Les actes de bravoure se multiplient et alimentent, avec le concours appuyé de l'Etat-major, la future légende de Verdun. Une des compagnies du *137ᵉ régiment d'infanterie* se couvre de gloire au cours d'un assaut allemand : réduits à une trentaine, ses soldats sont cloués dans leurs tranchées par des obus de gros calibre et seules leurs baïonnettes émergent du sol. Armés de deux mitrailleuses, ils arrêtent l'ennemi ; faisant de l'épisode de la « tranchée des baïonnettes » un moment marquant de la batailel de Verdun.

Dans la nuit du 20 au 21 juin, le bombardement ennemi inaugure une nouvelle poussée offensive. Le 23 juin, les vagues d'assaut de 6 divisions étalées depuis le village de Douaumont jusqu'au fort de Vaux passent à l'attaque. La résistance française tient bon: « *Le 6ᵉ corps et la droite du 2e, durement éprouvés par l'avalanche des obus et des gaz après deux jours de bombardement, ralentissaient quelques heures l'avance de l'ennemi* » (Pétain).

| LES FORCES EN PRÉSENCE AU 1ER MAI 1916 |
| --- |
| **Armée allemande** |
| VI., XXII., VII., III., V. et XV. Reserve-Armeekorps, XVIII. Armeekorps, I. AK bavarois |
| 9 corps d'armée appuyés par 2 200 pièces d'artillerie, dont 1 730 lourdes. |
| **2ᵉ armée française** |
| VIᵉ, IXᵉ, XXXIIᵉ, XIIᵉ, IIIᵉ, XIVᵉ, IIᵉ corps d'armée |
| 538 600 hommes |
| 7 corps d'armée appuyés par 1 177 pièces d'artillerie, dont 593 lourdes. |

Néanmoins, Thiaumont et Fleury sont pris ; à l'ouest, l'ouvrage de Froideterre est encerclé, menaçant d'exposer les forts de Saint-Michel et de Souville.

Le 24 juin, 4 divisions fraîches stoppent l'avance ennemie et l'obligent enfin à reculer. Le 26 juin, tandis que plus au nord débute la préparation d'artillerie sur la Somme, Nivelle confie à Mangin ses deux dernières divisions et l'artillerie de l'Entente bombarde les positions allemandes. Mangin poursuit vers Thiaumont avec pour objectif la reprise du fort de Douaumont. Stoppé devant Fleury, il s'acharne et, le 30 juin, Thiaumont est enfin pris. Pendant ce temps, la *V. Armeekorps*, n'ayant pu déboucher du bois du Chapitre, est arrêtée devant Froideterre et Souville sans avoir pu prendre le dessus.

# L'ÉPILOGUE

## *L'ouverture d'un nouveau front sur la Somme et ses conséquences*

Le 1$^{er}$ juillet, l'offensive franco-anglaise sur la Somme débute. La bataille de Verdun, dont Joffre attend l'attrition de l'ennemi, se poursuit. Dans le camp allemand, le même raisonnement prévaut. Falkenhayn reprend l'offensive à Verdun sur un front qui va de Vacherauville à la Loufée dans le but de fixer le maximum d'effectifs ennemis par des attaques limitées sur quelques kilomètres. Les verrous que sont les forts de Douaumont et de Vaux étant entre ses mains, l'objectif est de prendre celui de Souville.

Le 11 juillet, 3 divisions attaquent en direction de la côte de Froideterre, de Souville et du saillant de Tavannes et percent à la jonction de deux divisions. Le 12 elles débouchent de Fleury pour s'emparer du fort de Souville mais la garnison contre-attaque vigoureusement. Cet échec précipite le remplacement de von Galwitz par von François.

Mangin, qui a engagé le 15 juillet la *37$^e$ division algérienne* sur Fleury, n'est pas plus heureux. Faisant la critique de cet échec, Pétain, pour qui la supériorité ne peut être apportée que par l'artillerie, décide que les attaques seront préparées par les commandements de groupements pour une meilleure orientation de l'infanterie et une meilleure une coordination avec l'artillerie dans la désignation des objectifs. Pour lui, il faut renoncer aux offensives de détail, attaquer en force sur les

Hauts de Meuse et reprendre les forts de Douaumont et de Vaux après une solide préparation des mortiers de 400 mm.

En septembre, coups de mains et contre-attaques se succèdent, essentiellement sur la côte de Froideterre, autour de Fleury et de l'ouvrage de Thiaumont, dont s'empare le *régiment d'infanterie colonial du Maroc* (*RICM*) le 18 aout. Une catastrophe endeuille cependant l'armée : l'incendie du tunnel de Tavannes, qui abrite un dépôt de munitions, fait plus de 500 victimes.

## *La crise du commandement*

En cinq mois d'assauts ininterrompus, l'armée allemande n'a pas atteint ses objectifs et les mauvaises nouvelles s'accumulent. Dans ses notes, Pétain souligne que « *chez nos adversaires le moral fléchit depuis l'échec des Autrichiens sur le front italien et la poussée de Broussilof en Galicie* ».

En Italie, Conrad von Hotzendorff se heurte à la résistance de l'armée italienne qui l'arrête à Adagio, ce qui le contraint à dégarnir le front oriental, où Joffre a obtenu de Broussiloff qu'il passe à l'offensive le 15 juin, créant une brèche de 50 km en Volhynie et en Bukovine. Le succès russe poussant la Roumanie à rejoindre l'Entente, modifiant l'équilibre des forces en Europe centrale.

Cette série d'échecs conduit le *kronprinz* à intervenir auprès du *kaiser*. Dans sa lettre, il se dit opposé à la continuation de l'offensive, soulignant la lassitude physique des divisions allemandes qui, contrairement aux françaises, n'ont jamais été relevées, ainsi que l'insuffisance en munitions d'artillerie. Wilhelm II se montre sensible aux arguments de son fils et en août les décisions se succèdent. Le général von Knobelsdorf est démis de son poste de chef d'Etat-major de la *V. Armee* le 21 août. Le 26, c'est au tour de Falkenhayn, rendu responsable de l'échec devant Verdun. Le *feldmarschall* Hidenburg est promu chef d'Etat-major général avec comme premier quartier-maître le *feldmarschall* Ludendorff . Sur le front ouest, les groupes d'armée dont dépendent le secteur de Verdun, celui de la Somme et celui du nord sont placés respectivement sous les ordres du *kronprinz* impérial, du prince impérial Rupprecht de Bavière et de Wilhelm de Wurtemberg.

Dans ses souvenirs, Ludendorff, évoquant cette période, admet que l'initiative stratégique a changé de camp : « *Sa Majesté nous recevant nous dit qu'elle espérait surmonter la crise sur le front. [...] Le chancelier d'Empire n'exprima pas la volonté de conclure la paix. [...] Notre grande guerre défensive que nous avions mené en employant l'attaque était devenue une guerre défensive pure. [...] L'Entente avait mis en ligne toutes ses forces et en outre provoqué l'entrée en guerre de la Roumanie . [...] L'énorme supériorité de l'ennemi en masses d'hommes et de matériel de guerre était devenue toujours plus sensible mais l'armée avait pu mettre à l'abri ou libérer nos frontières mais aussi celles de ses alliés.* »

La bataille de Verdun, par sa durée et l'attrition importante infligée à l'armée française génère un pessimisme qui altère la confiance du peuple envers le commandement militaire.

Au Parlement, nombreux sont les députés qui reprochent au généralissime français d'avoir dépouillée en 1915 la région fortifiée de Verdun au profit des forces engagées dans la bataille de Champagne. D'autres, ne tenant pas compte des bienfaits de la « noria », se font l'écho de revendications en personnel et en matériel de généraux insatisfaits. Le général Joffre sera finalement demis de son commandement le 3 décembre et remplacé par Nivelle.

## *Le 7 septembre : la conférence de Cambrai*

Ludendorf attribue l'échec de l'armée allemande à Verdun et sur la Somme à une artillerie puissante, réglée par avion, bien approvisionnée en munitions, qui a neutralisé son artillerie et ébranlé la puissance défensive de son infanterie.

La multiplication des champs de bataille le met face à un dilemme : pour tenir sur la Somme, la *V. Armeekorps* doit se séparer d'un nombre conséquent de pièces d'artillerie et d'avions ; cependant, la menace d'une offensive française à Verdun est réelle, menace renforcée par l'état d'épuisement extrême des divisions allemandes. Pour Ludendorff, il devient nécessaire de « *remettre au premier plan la méthode offensive qui écrase l'artillerie et l'infanterie ennemie avant l'assaut* ». Il préconise « *une direction de feu plus rigoureuse avec un réglage du tir plus sûr, par l'observation aérienne…* »

Fantassin d'origine, il affirme que « *la décision finale appartient à l'infanterie* ». Il préconise des séances d'entraînement afin de former les soldats au tir lointain, envisage de doter chaque compagnie de mitrailleuses légères, de constituer des sections d'élite de mitrailleuses, de pionniers et de généraliser l'instruction de troupes d'assaut, les *Stosstruppen*. Enfin il est prévu d'étaler en profondeur le système défensif (positions sur les contre-pentes, abris bétonnés)

Le prince Rupprecht de Bavière, outre les *1.*, *2.* et *6. Armee*, se voit confier la *7.Armee*. Un état-major et des services sont affectés au *kronprinz* impérial, qui commande les *3.* et *5. Armee* ainsi que les détachements en Alsace et en Lorraine. Sur l'aile droite, le duc de Wurtemberg garde le commandement de la *4. Armee*.

## *La bataille change de sens*

A la fin de l'année 1916, l'initiative stratégique a changé de camp. A Verdun, l'armée allemande est progressivement ramenée sur ses positions de départ tandis que sur le front de la Somme, les troupes françaises atteignent la deuxième ligne de défense allemande. Chez les combattants, cette guerre qui semble ne jamais finir va créer un sentiment d'exaspération au sein de la troupe.

Les combats se poursuivent cependant. Début octobre, à la faveur d'une préparation d'artillerie soutenue, le général Mangin dirige des contre-attaques locales contre Tihaumont et Fleury, qui passent de main en main. Écrasés et gazés par des obus de 400 mm, les Allemands évacuent le fort de Douaumont le 23 octobre. Le 24 octobre, une attaque d'envergure enfonce la ligne allemande sur un front de 7 km permet la reprise du fort, faisant près de 6 000 prisonniers. Le 2 novembre, c'est au tour du fort de Vaux de tomber sous les coups des divisions françaises. Le 18 novembre Mangin déclenche l'attaque décisive. Vacherauville, côte du Poivre, Bezonvaux, sont reprises successivement.

Le 15 décembre, le général Guillaumat remplace Nivelle, qui succède à Joffre. Il hérite d'une situation clémente, qui tranche radicalement avec celle des mois passés. A cette date, les troupes françaises ont repris position sur la ligne qu'elles occupaient le 25 février. La bataille de Verdun s'achève officiellement quatre jours plus tard.

## Conclusion

La Bataille de Verdun aura duré 10 mois. Elle aura entrainé la perte de 378 000 soldats français et de 337 000 Allemands. Verdun acquiert une réputation mondiale et restera à jamais gravée comme le symbole de l'horreur guerrière et de la résistance française.

Si pour Clausewitz la guerre n'est qu'un duel à une autre échelle, quelques lieux, retenus par l'Histoire, laissent une trace durable dans la mémoire des peuples. Verdun est pour la France l'un de ces nombreux symboles guerriers. Des batailles meurtrières, telles la mêlée des Flandres, les offensives d'Artois ou de Champagne ont marquées jusqu'alors ce conflit, d'autres suivront. Mais aucune autre n'exprime mieux la mutation industrielle de la guerre.

En février 1916, Falkenhayn a pris le parti de livrer une guerre de matériel, choisissant comme point d'application une ville jugée faiblement tenue. S'il parvient à créer une surprise stratégique, son échec entraîne sa disgrâce que suit quelques mois plus tard celle de son adversaire.

La résolution des défenseurs de Verdun, immortalisée par le serment : « *Ils ne passeront pas* », fait de la bataille de

Verdun un symbole pérenne de la détermination française. Le 10 juin 1942, en hommage à la résistance de la *1^{re} brigade française libre* du général Koenig face à Rommel, le journal britannique *Daily Mail* rappelera à dessein les heures de gloire des armes françaises : « *Bir Hakeim prouve que l'esprit de Verdun est toujours vivant...* »

# Pour aller plus loin

## Bibliographie

Marius Daille, *Histoire de la Guerre mondiale, tome II*, 1936

Rémy Porte, *Joffre*, 2014

Elisabeth Greenhalgh, *Foch, chef de guerre*, 2013

Pierre Montagnon, *Dictionnaire de la Grande Guerre*, 2013

John Keegan, *La Première Guerre mondiale*, 2003

Antoine Prost, *Gerd Krumeich Verdun 1916*, 2015

Erich Von Falkenhayn, *Die Oberste Heeres Leitung (1914-1916)*, 1920

Erich Ludendorff, *Souvenirs de guerre*, 1920

Jean François Muracciole, Jean Lopez (sd), Olivier Wievorka, *Les Mythes de la Seconde Guerre Mo*ndiale, 2015

© *Storiaebooks 2016*

www.ingramcontent.com/pod-product-compliance
Lightning Source LLC
Chambersburg PA
CBHW061342040426
42444CB00011B/3047